Julia Gottschalk

Window Color
Welt der Tiere

AUGUSTUS

Inhalt

Material und Hilfsmittel

Malen mit Window Color ist einfach, und neben den unten aufgeführten Materialien brauchen Sie nur noch die gewünschten Farben und schon kann es losgehen. Malen Sie, wie in den Anleitungen beschrieben, das Motiv mit Konturenfarbe auf eine Klarsichthülle und füllen Sie es mit Farbe aus. Nach dem Trocknen wird das Motiv von der Klarsichthülle auf die Adhäsionsfolie geklebt, 2 bis 3 Minuten mit dem Föhn erwärmt und so auf der Folie befestigt, das dient der Stabilität. Alternativ können Sie das gewünschte Motiv natürlich auch gleich auf die Adhäsionsfolie malen.

Materialien

Klarsichthüllen (möglichst seidenmatt)
Adhäsionsfolie
Zahnstocher
Schaschlikspieß
Schere
Küchenkrepp (zum Entfernen von Farbtupfern und Klecksen)
Föhn

Farben und Technik

Window-Color-Farben sind in Hobby- und Bastelläden erhältlich. Grundsätzlich können Sie die Farben verschiedener Hersteller mischen. Testen Sie dies aber immer aus, da Farben unterschiedlicher Konsistenz manchmal unebene Motivoberflächen zur Folge haben.

Das Malen mit Window-Color-Farben ist ganz einfach. Als Erstes legen Sie eine Klarsichthülle oder Folie über die Vorlage und fixieren diese auf dem Tisch oder der Unterlage mit Tesafilm. Dann werden die Umrisse mit Konturenfarbe nachgezogen. Die Konturenfarbe trocknet in etwa acht Stunden, manchmal geht es sogar schneller. Dies können Sie vorsichtig mit einem Zahnstocher prüfen. Die Farben anschließend direkt aus der Malflasche auftragen. Mit Hilfe eines Zahnstochers oder Schaschlikspießes können Sie die Farben bis an die Konturen führen. Nach 24 Stunden Trockenzeit kann man das Motiv von der Folie abziehen und nach Wunsch platzieren.

Die Farben sind auch einfach zu mischen, so dass ein melierter Eindruck entsteht (für das Malen von Fell z. B. sehr wichtig). Dazu mindestens zwei Farben, die noch feucht sind, mit einem Zahnstocher in kreisenden Bewegungen ineinander ziehen.

Exotische Tierwelt

Pandabär

Vorlagenbogen Seite A

Der Pandabär ist eines der seltensten Tiere der Welt. In freier Natur ist er in den Bergketten Chinas zu finden. Zehn bis zwölf Stunden täglich verbringt dieser samtpfotige Geselle damit, Nahrung zu suchen und zu fressen. Er kann bis zu 1,60 m groß werden und wiegt zwischen 75 und 160 kg.

So wird's gemacht

Das Motiv wird vom Vorlagenbogen mit Konturenfarbe auf die Klarsichthülle übertragen. Nach der Trockenzeit wird der Kopf sowie der Bauch des Bären in Weiß mit bernsteinfarbigen Schattierungen ausgemalt. Die Ohren, Arme und Beine werden in Schwarz und Grau gezeichnet, die Krallen und Pfoten wiederum in Bernstein ausgefüllt.

Zum Schluss werden die Bambusblätter in Oliv- und Saftgrün sowie der Mund in Hellrosa und Kirschrot ausgemalt.

Giraffen

Vorlagenbogen Seite A

Sie leben in Gruppen in der afrikanischen Savanne. Und nicht nur ihre Hälse sind bestaunenswert: Das Herz einer Giraffe ist etwa 60 cm lang und wiegt fast 11 kg!

Das wird gebraucht

Farben in Hellbraun und Bernstein sowie Mittelbraun
Klarsichthüllen, Adhäsionsfolie

So wird's gemacht

Als Erstes wird das Motiv mit
Konturenfarbe vom Vorlagenbogen auf die Klarsichthülle
übertragen. Nach dem Trocknen werden die Flecken auf
dem Fell der Giraffe (auf dem
Vorlagenbogen in Strichen an-
gezeichnet) ohne Konturlinien
in Hellbraun aufgemalt.

Trocknen lassen, dann den
Rest des Körpers in Bern-
stein ausfüllen. Zum
Schluss noch die Hufe,
das Maul und die Ohren
in Mittelbraun malen.

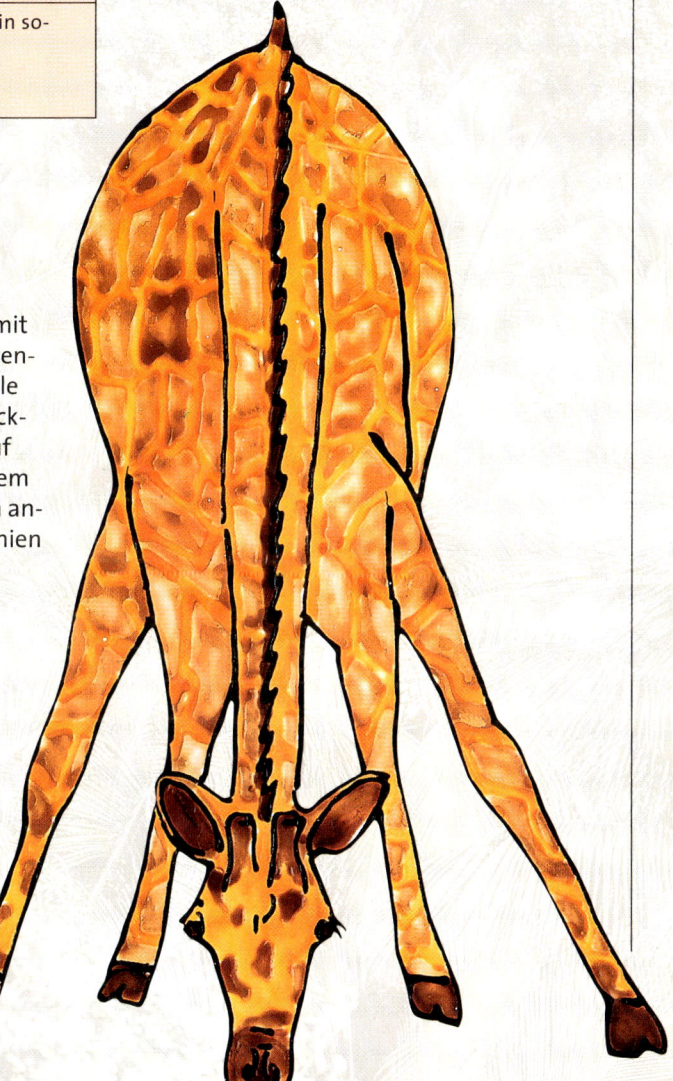

Elefant

Vorlagenbogen Seite A

Der afrikanische Elefant ist größer als der indische, nicht nur von der Statur her, sondern auch was die Ohren, Beine und Stoßzähne betrifft. Seine Schulterhöhe kann bis zu 4 m betragen und sein Gewicht liegt um die 6 t. Deshalb braucht er auch täglich über einen Zentner Nahrung.

Das wird gebraucht

Farben in Grau, Hellbraun, Weiß und Bernstein
Klarsichthülle, Adhäsionsfolie

So wird's gemacht

Zuerst wird das Motiv mit Konturenfarbe vom Vorlagenbogen auf die Klarsichthülle übertragen. Nach der Trockenzeit wird der Körper in Grau mit hellbraunen Schattierungen gemalt. Dann die Stoßzähne in Weiß auftragen, mit Bernstein melieren (siehe Seite 4). Die Fußnägel sind ebenfalls bernsteinfarben und weiß.

Tiger

Vorlagenbogen Seite A

Ein ausgewachsener Tiger, z. B. der Amur-tiger, kann bis zu 2 m lang werden und 250 kg wiegen – was seiner Eleganz und Geschmeidigkeit keinen Abbruch tut.

Das wird gebraucht

Farben in Hautfarbe, Weiß, Rubinrot, Hellrosa, Bernstein, Orange, Hell-braun, Gelb und Hellgrün
Klarsichthüllen, Adhäsionsfolie

So wird's gemacht

Zuerst wird das Motiv vom Vorlagenbogen mit Konturenfarbe auf die Klarsichthülle übertragen.

Nach der Trockenzeit werden die Körper der beiden Tiger in Orange und Hellbraun ausgemalt.

Dann werden die Ohren in Bern-stein, die Zähne in Weiß und das Maul des linken Tigers in Rubin-rot und Hellrosa ausgefüllt.

Jetzt noch die Nasen in Haut-farbe und die Augen in Gelb bzw. in Hellgrün ausmalen.

Seepferdchen

Vorlagenbogen Seite A

Das Seepferdchen ist ein Fisch und die fadenartigen Anhängsel überall am Körper dienen als Tarnung auf dem Meeresgrund. Es kann seine Augen unabhängig voneinander bewegen, wie das Chamäleon. Es gibt ungefähr 20 verschiedene Arten von Seepferdchen. Sie können etwa 16 cm lang werden und wiegen bis zu 20 g.

So wird's gemacht

Das Motiv wird mit Konturenfarbe auf die Klarsichthülle übertragen. Nach der Trockenzeit werden für das grüne Seepferdchen die Farbtöne Saft-, Tannen-, Oliv- und Hellgrün in breiten Streifen aufgetragen. Mit einem Zahnstocher die noch frischen Farben mischen. Das braune Seepferdchen genau so malen.

Tiere in Wald und Flur

Honigbiene

Vorlagenbogen Seite B

Die Heimat der Bienen liegt ursprünglich im südlichen Teil von Asien. Hierzulande hält man sie, um Erträge von Nutzpflanzen, wie Raps oder Obstbäumen, zu steigern. Ein Bienenvolk kann aus bis zu 100 000 Arbeiterbienen bestehen und pro Tag bis zu 1 kg Honig erzeugen.

Das wird gebraucht

Farben in Saftgrün, Türkisblau, Gelb, Bernstein, Hellbraun und Mittelbraun sowie Weiß
Klarsichthülle, Adhäsionsfolie

So wird's gemacht

Zuerst wird das Motiv mit Konturenfarbe vom Vorlagenbogen auf die Klarsichthülle übertragen.

Nach der Trockenzeit wird die Blüte in den Farben Saftgrün und Türkisblau und das Blüteninnere in Gelb und Bernstein ausgemalt. Der Bienenkörper wird mit Mittelbraun, Bernstein und Hellbraun ausgefüllt, die Flügel sind weiß und bernsteinfarben.

Maikäfer

Vorlagenbogen Seite B

Der Maikäfer lebt als Engerling/Larve drei Jahre unter der Erde und ernährt sich von Wurzeln und Pflanzen. Im August oder September entwickelt er Flügel, lebt aber weiterhin unter der Erde. Erst im darauf folgenden Frühjahr kommt er ans Tageslicht.

Das wird gebraucht

Farben in Mittelbraun, Bernstein, Weiß und Hellbraun
Klarsichthülle, Adhäsionsfarbe

So wird's gemacht

Zuerst wird das Maikäfermotiv vom Vorlagenbogen mit Konturenfarbe auf die Klarsichthülle übertragen.

Nach der Trockenzeit werden die Beine und der Fühler in Bernstein angemalt. Die Brust wird in Bernstein und mittelbrauner Farbe marmoriert. Kopf und Bauch werden in Mittelbraun ausgefüllt, die Ecken des Bauches in Weiß.

Die Panzeroberseite ist ebenfalls in einer Mischung von Mittelbraun und Bernstein gemalt.

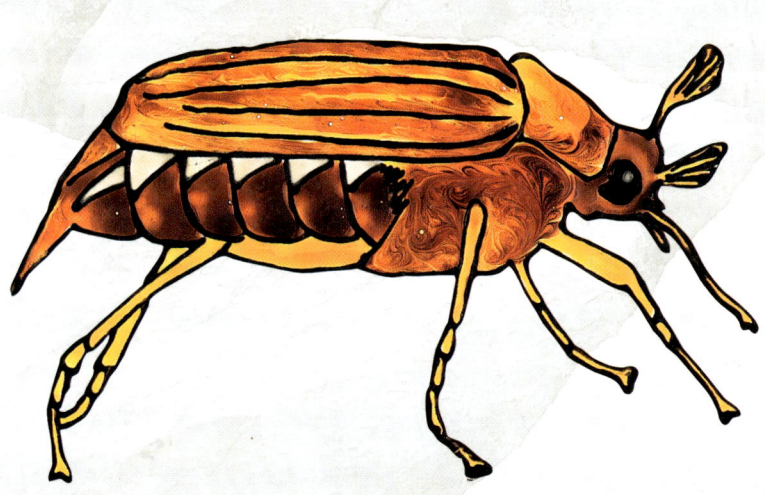

Marienkäfer

Vorlagenbogen Seite B

Der Siebenpunkt gehört zur Familie der Marienkäfer. Er verspeist mit Vorliebe Blattläuse und schafft davon rund 40 bis 60 Stück am Tag.

Das wird gebraucht

Farben in Schwarz, Weiß, Mittelbraun
   und Kirschrot
Klarsichthülle, Adhäsionsfolie

So wird's gemacht

Als Erstes wird das Motiv vom Vorlagenbogen mit Konturenfarbe auf die Klarsichthülle übertragen.

Nach der Trockenzeit werden Fühler, Beine und Augen in Mittelbraun ausgemalt. Der Kopf und die Punkte werden mit Schwarz, die Vorderflügel mit Kirschrot ausgefüllt.

Zum Schluss werden die Farbzeichnungen am Kopf in Weiß ausgemalt.

Schmetterlinge

Vorlagenbogen Seite B

Schwalbenschwanz, Apollo und Admiral – so klangvolle Namen tragen diese Schmetterlinge. Apollo fliegt im Gegensatz zu seinen Artgenossen langsam und flatternd. Der Schwalbenschwanz ist mit einer Flügelspannweite von 80 mm einer der größten Schmetterlinge Europas, wohingegen der Admiral sich immerhin zur Familie der Edelfalter zählen darf.

Das wird gebraucht

Farben in Mittelbraun, Schwarz, Rubinrot, Weiß, Hellbraun, Grau, Gelb, Hellblau, Ultramarinblau
Klarsichthülle, Adhäsionsfolie

So wird's gemacht

Zuerst werden die drei Schmetterlinge vom Vorlagenbogen mit Konturenfarbe auf die Klarsichthülle übertragen.

Nach der Trockenzeit wird der Admiral in den Farben Mittelbraun für den Körper sowie Schwarz, Rubinrot und Weiß für die Flügel angemalt.

Für den Apollo-Schmetterling benötigt man Hell- und Mittelbraun für den Körper und Weiß, Grau und Rubinrot für die Flügel.

Beim Schwalbenschwanz ist der Körper weiß und schwarz, die Flügel sind hellblau, gelb, rubinrot und ultramarinblau.

Schlange

Vorlagenbogen Seite B

Die Familie der Ottern ist vor allem in Mitteleuropa weit verbreitet. Sie kommt in ganz unterschiedlichen Biotopen vor. Kreuzottern werden bis zu 90 cm lang.

Das wird gebraucht

Farben in Tannengrün, Mittelbraun, Bernstein, Terracotta, Grau und Konturenfarbe in Schwarz
Klarsichthülle, Adhäsionsfolie

So wird's gemacht

Zuerst wird das Motiv vom Vorlagenbogen mit Konturenfarbe auf die Klarsichthülle übertragen.

Nach der Trockenzeit werden auf der Körperoberseite abwechselnd in Tannengrün, Bernstein, Terracotta, Mittelbraun und mit schwarzer Konturenfarbe Querstreifen gezogen. Achtung: Sie müssen sich bei diesem Vorgang beeilen, denn die noch feuchten Farbstreifen werden anschließend sofort mit einem Zahnstocher der Länge nach durchzogen – so entsteht das Zickzackmuster.

Dann die Körperunterseite nach dem gleichen Prinzip in Tannengrün, Mittelbraun und Konturenschwarz gestalten. Das Auge ist bernsteinfarben und grau.

Steinadler

Vorlagenbogen Seite B

Der Steinadler ist ein Greifvogel. Seine Flügelspannweite misst etwa 2 m. Er lebt in Skandinavien, Südeuropa, den Alpen und Karpaten. Sein Horst ist ein riesiges Bauwerk von ca. 2 m Durchmesser, in dem das Weibchen etwa 6 Wochen lang zwei bis drei Eier ausbrütet.

Das wird gebraucht

Farben in Mittelbraun, Hellbraun, Bernstein, Terracotta und Weiß
Klarsichthülle, Adhäsionsfolie

So wird's gemacht

Zuerst wird das Motiv mit Konturenfarbe vom Vorlagenbogen auf die Klarsichthülle übertragen. Nach der Trockenzeit wird der Körper in Terracotta, Mittelbraun, Bernstein und Hellbraun meliert. Der Schnabel, die Klauen und das Auge sind bernsteinfarben.

Eisvogel

Vorlagenbogen Seite B

Der Eisvogel kommt, außer in Skandinavien und Island, in ganz Europa vor. Er gehört zu den stark gefährdeten Arten.

Das wird gebraucht

Farben in Hellbraun, Bernstein, Rubinrot, Korallenrot, Bordeaux, Hellblau, Türkisblau und Weiß
Klarsichthülle, Adhäsionsfolie

So wird's gemacht

Zuerst wird das Motiv mit Konturenfarbe vom Vorlagenbogen auf die Klarsichthülle übertragen.

Jetzt wird der Schnabel hellbraun und bernsteinfarben angemalt. Die Flügel, der Schwanz und Teile vom Kopf sind hell- und türkisblau meliert.

Der Bauch und das Gefieder um die Augen sind in einer Mischung aus Rubin- und Korallenrot gemalt. Die Flecken am Kopf und das Auge werden weiß, die Füße bordeauxfarben.

Blaumeise

Vorlagenbogen Seite B

*Die Blaumeise ist fast in
ganz Europa anzutreffen.
Sie nistet in Höhlen und
legt Anfang Mai acht
bis zehn Eier. Das Weib-
chen brütet die Eier allein
aus und ist im Juni zur nächs-
ten Brut bereit.*

Das wird gebraucht

Farben in Schwarz, Hellbraun,
Mittelbraun, Hellblau, Azurblau,
Weiß, Zitron, Hellgrün und
Ultramarinblau
Klarsichthülle, Adhäsionsfolie

So wird's gemacht

Das Motiv wird mit Konturenfarbe vom
Vorlagenbogen auf die Klarsichthülle
übertragen.

Nach der Trockenzeit wird der Kopf in
Ultramarinblau, Schwarz und Weiß ausgemalt. Der Bauch und der Schwanz

sind zitronfarben und ein wenig
schwarz meliert.

Für die Flügel werden Azur- und Hellblau sowie Zitron und Hellgrün ge-
mischt.

Die Füße werden mit Mittelbraun und
der Ast mit Hell- und Mittelbraun ausgemalt.

Hirsche

Vorlagenbogen Seite C

Das Geweih eines Hirsches wächst jeden Frühsommer neu. Ein junger Hirsch hat anfangs nur zwei Spieße, in jedem nachfolgenden Jahr kommen neue Geweihenden hinzu.

So wird's gemacht

Als Erstes wird das Motiv vom Vorlagenbogen mit Konturenfarbe auf eine Klarsichthülle gemalt.

Nach der Trockenzeit werden die Hufe in Grau, das Geweih in Hellbraun mit mittelbraunen Schattierungen aufgemalt.

Der Körper des Hirsches wird mit mittelbrauner Farbe und schwarzen Schattierungen an Wange, Brust und Bauch gemalt. Zum Schluss werden noch die Ohren in Hellbraun angelegt und mit mittelbrauner Farbe durchzogen.

Für den jungen Hirsch werden der Körper und die Hörner in Hellbraun und Terracotta ausgefüllt, die Ohren in Bernstein und Hautfarbe. Die Augen und die Nase werden in Mittelbraun und das Gras in Tannengrün ausgemalt.

Das wird gebraucht

Farben für den ausgewachsenen Hirsch:
Mittelbraun, Schwarz, Grau und Hellbraun
Farben für den jungen Hirsch:
Terracotta, Hellbraun, Hautfarbe,
Mittelbraun, Tannengrün
Klarsichthüllen, Adhäsionsfolie

Fuchs

Vorlagenbogen Seite C

Der Fuchs ist nicht wählerisch: er lebt nicht nur von Mäusen, Käfern, Heuschrecken und Regenwürmern, sondern auch von Beeren und Obst. Wenn er sie erwischt, stehen sogar Fische und Frösche auf seinem Speiseplan.

Das wird gebraucht

Farben in Bernstein, Orange, Hellbraun
  und Weiß
Klarsichthülle, Adhäsionsfolie

So wird's gemacht

Zuerst wird das Motiv mit Konturenfarbe vom Vorlagenbogen auf die Klarsichthülle übertragen.

Nach der Trockenzeit wird der Körper mit den Farben Orange und Bernstein ausgefüllt und meliert, die Brust und der Schwanz werden in Weiß angelegt und mit der Körperfarbe vermischt.

Mit Hellbraun werden in der noch nassen Körperfarbe die Konturen der Beine und des Schenkels angedeutet. Jetzt werden noch die Ohren und Augen in Bernstein ausgemalt.

Heimtiere

Hunde

Vorlagenbogen Seite C

*Es gibt über 200 anerkannte Hunde-
rassen, und der Berner Sennenhund
und der Golden Retriever zählen zu
den beliebtesten.*

Das wird gebraucht

Farben für Berner Sennenhund:
Schwarz, Hellbraun, Bernstein, Weiß,
Mittelbraun, Hellrosa und Rubinrot
Klarsichthülle, Adhäsionsfolie

So wird's gemacht

Die Konturen vom Vorlagenbogen werden mit Konturenfarbe auf die Klarsichthüllen
übertragen.

Der Körper des Berner Sennen-
hunds wird mit Schwarz und
Hellbraun gemalt, die Brust mit
Weiß und Bernstein meliert.
Die Pfoten werden weiß,
die Nase mittelbraun und
schwarz, die Zunge hellrosa
und rubinrot.

Das wird gebraucht

Farben für Labrador-Welpen:
   Hellbraun, Schwarz, Mittelbraun und
   Weiß
Farben für Golden-Retriever-Welpen:
   Hellgrün, Bernstein und Hellbraun,
   Weiß
Klarsichthülle, Adhäsionsfolie

Der Körper des Labrador-Welpen wird
in Hellbraun gemalt, er erhält eine
schwarze und mittelbraune Nase, in
die Augen werden weiße Glanzpunkte
gesetzt.

Die beiden Retriever-Welpen werden
hellbraun und bernsteinfarben angelegt, die Augen in Weiß.

Wellensittiche

Vorlagenbogen Seite C

*Über frei lebende Wellensittiche weiß
man relativ wenig. Als Wohnungsge-
nossen brauchen sie aber in jedem Fall
spezielles Futter und Vogelgrit aus Mu-
scheln oder Steinchen. Dies hilft beim
Zermahlen des Futters. Wellensittiche
können bis zu 15 Jahre alt werden.*

Das wird gebraucht

Farben für den blauen Sittich:
    Hautfarbe, Weiß, Hellblau, Ultramarin
    und Pariserblau
Farben für den gelb-grünen Sittich:
    Hautfarbe, Gelb, Zitron, Hellblau,
    Hellgrün und Weiß
Klarsichthülle, Adhäsionsfolie

So wird's gemacht

Zuerst werden die Konturen mit Konturenfarbe vom Vorlagenbogen auf die
Klarsichthülle übertragen. Nach der
Trockenzeit Körper und Flügel des gelb-
grünen Vogels in Hellblau, Gelb, Zitron
und Hellgrün ausfüllen. Die Wangen in
Weiß, den Schnabel und die Füße in
Hautfarbe anlegen. Der blaue Wellen-
sittich wird mit den genannten Farben
genau so gemalt.

Pferd

Vorlagenbogen Seite D

Hauspferde wie dieses stammen alle vom europäisch-asiatischen Wildpferd ab. Im Trab legen Pferde stündlich im Durchschnitt 14 – 20 km zurück. Das Englische Shirehorse ist mit einem Stockmaß von 1,80 m das größte und das argentinische Falabella mit 80 cm Stockmaß das kleinste Pferd der Welt.

Das wird gebraucht

Farben in Mittelbraun, Terracotta und Schwarz
Klarsichthülle, Adhäsionsfolie

So wird's gemacht

Als Erstes wird der Körper des Pferdes vom Vorlagenbogen mit Konturenfarbe auf die Klarsichthülle übertragen.

Nach der Trockenzeit malt man den Körper des Pferdes in Terracotta und die Konturen an Hals, Beinen und Gesicht in Mittelbraun aus.

Jetzt noch die Hufe in Schwarz sowie die Mähne und den Schweif in Mittelbraun.

Hausziege

Vorlagenbogen Seite D

Früher wurden Ziegen vor allem in Zentral- und Westasien als Haustiere gehalten. Heute schätzt man die Ziege weltweit wegen ihrer bekömmlichen Milch und des hochwertigen Fells.

So wird's gemacht

Als Erstes wird das Motiv vom Vorlagenbogen auf die Klarsichthülle übertragen.

Nach der Trockenzeit wird der Bauch der Ziege in Hautfarbe, der Rest des Körpers in Weiß ausgefüllt. In die noch frische weiße Farbe werden mit Bernstein die Konturen eingearbeitet.

Das Auge wird in Hellbraun gemalt, das Ohr in Bernstein und Hellbraun. Die Hörner werden mit Bernstein ausgefüllt und der Huf in Mittelbraun.

Zum Schluss wird der Berg in Grau, Weiß und Schwarz ausgemalt.

Das wird gebraucht

Farben in Weiß, Bernstein, Hautfarbe, Hellbraun, Grau, Schwarz, Mittelbraun
Klarsichthülle
Adhäsionsfolie

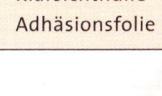

Zwerghamster

Vorlagenbogen Seite D

Zwerghamster, wie der Dsungare, werden nur etwa 10 cm lang. Sie sind dämmerungs- und nachtaktive Tiere. In ihrer ursprünglichen Heimat (Mandschurei, Mongolei, Kasachstan) halten sie aufgrund der großen Kälte Winterschlaf, auf den sie als Heimtiere in unseren Breiten aber verzichten können.

Das wird gebraucht

Farben in Hautfarbe, Terracotta und
   Mittelbraun, Weiß
Klarsichthülle, Adhäsionsfolie

So wird's gemacht

Zuerst wird das Motiv mit Konturenfarbe vom Vorlagenbogen auf die Klarsichthülle übertragen.

Nach der Trockenzeit wird der Körper des Hamsters in Weiß, Hautfarbe und Mittelbraun ausgefüllt.

Das Auge wird in Terracotta, die Nase, die Pfoten und Ohren werden in Hautfarbe angemalt.

Kaninchen

Vorlagenbogen Seite D

*Das Kaninchen stammt vom Wildkanin-
chen ab. Die ursprüngliche Heimat der
Wildkaninchen ist Portugal, die Iberi-
sche Halbinsel (Spanien) sowie große
Teile Nordafrikas. Mitte des 12. Jahrhun-
derts begann man die kleineren Zwerg-
kaninchen als Heim-und Streicheltier
zu züchten.*

Das wird gebraucht

Farben in Terracotta, Hellbraun, Mittelbraun, Hautfarbe und Tannengrün
Klarsichthülle, Adhäsionsfolie

So wird's gemacht

Zuerst wird das Motiv mit Konturenfarbe vom Vorlagenbogen auf die Klarsichthülle übertragen.

Nach der Trockenzeit werden Kopf und
Körper mit Hellbraun, Terracotta und
Mittelbraun ausgefüllt und mit einem
Zahnstocher durchzogen.

Die Innenohren und die Nase werden
mit Hautfarbe ausgemalt. Zum Schluss
das Gras in Tannengrün anlegen.

Katzen

Vorlagenbogen Seite D.

*Die Katze gehört zur Familie der Raub-
tiere. Damit ist sie auch mit Raubkatzen
wie Leopard, Löwe, Ozelot, Puma oder
Tiger verwandt.*

So wird's gemacht

Zuerst wird das Motiv vom Vorlagenbogen mit Konturenfarbe auf die Klarsichthülle gemalt.

Nach der Trockenzeit wird der Katzen-
körper streifenförmig mit den Farben
Grau, Weiß, Hellbraun, Terracotta und
Bernstein ausgemalt. Die Nase und die
Ohren sind hautfarben.

Zum Schluss werden die Augen bei der
rechten Katze mit Gelb und bei der an-
deren mit Bernstein angemalt.

Das wird gebraucht

Farben in Hellbraun, Terracotta, Grau,
   Bernstein, Gelb, Hautfarbe und Bern-
   stein
Klarsichthüllen, Adhäsionsfolie

Papiertüten selber machen

So wird's gemacht

Zuerst nehmen Sie einen Tonpapierbo-

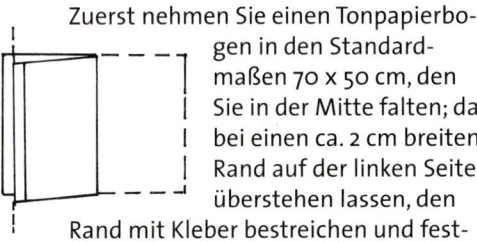

gen in den Standard-
maßen 70 x 50 cm, den
Sie in der Mitte falten; da-
bei einen ca. 2 cm breiten
Rand auf der linken Seite
überstehen lassen, den
Rand mit Kleber bestreichen und fest-
kleben.

Nun wird der untere Teil etwa
15 cm nach oben umgeknickt,
links und rechts werden die
Ecken zur Mitte gefaltet und
wieder zurückgeklappt.

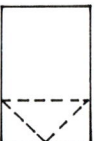

Nun werden die Ecken nach
innen gedrückt, so dass ein
quadratischer Boden ent-
steht.

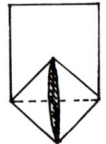

Die obere und die untere
Ecke des Quadrats mit Kleber
bestreichen, zur Mitte falten
und leicht überlappend fest-
kleben.

Zum Schluss die Längsseiten
umknicken – schon ist die Tü-
te fertig.

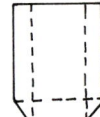

Die Deutsche Bibliothek –
CIP-Einheitsaufnahme

Ein Titeldatensatz dieser Publikation ist bei
Der Deutschen Bibliothek erhältlich.

Besuchen Sie uns auf unserer Internetseite unter
www.augustus.de

Jede gewerbliche Nutzung der Arbeiten und Entwürfe
ist nur mit Genehmigung von Verfasserin und Verlag
gestattet.

Fotografie: Klaus Lipa, Diedorf
Lektorat: Andrea Müh
Reihenkonzeption: Kontrapunkt Kopenhagen
Umschlag- und Innenlayout: Angelika Tröger

AUGUSTUS VERLAG, München 2001
© Weltbild Ratgeber Verlage GmbH & Co KG,
München

Satz: Gesetzt aus 9,5 Punkt The Sans
von Angelika Tröger
Reproduktion: Repro Ludwig, A-Zell am See
Druck und Bindung: Offizin Andersen Nexö, Leipzig

Gedruckt auf 135 g umweltfreundlich chlorfrei
gebleichtes Papier.

ISBN 3–8043–0919–4
Printed in Germany